THE RULE
of TAIZÉ

in French and in English

A Crossroad Book

THE SEABURY PRESS · NEW YORK

The Seabury Press
815 Second Avenue
New York, N.Y. 10017

Library of Congress Catalog Card
Number: 74-10118

ISBN: 0-8164-2564-7
Printed in the United States of America

To my Brothers

Br. Roger
Prior of Taizé

CONTENTS

THE VOWS

PRÉAMBULE

Frère, si tu te soumets à une règle commune, tu le peux seulement à cause du Christ et de l'Evangile [1].

Ta louange et ton service sont désormais intégrés dans une communauté fraternelle, elle-même incorporée à l'Eglise. En ta discipline intérieure, si nécessaire à ta vie chrétienne, tu es stimulé par l'entraînement commun. Tu n'es désormais plus seul. Tu

PREAMBLE

Brother, if you submit to a common rule, you can do so only for the sake of Christ and the Gospel [1].

Henceforth your worship and your service take place in a community of brothers, within the body of the Church. Common impulse will stimulate your interior discipline which is so essential for your life as a Christian. From now on you are no longer alone. In all things,

dois compter en tout avec tes frères.

Aussi, loin de gémir sous le poids d'une règle, réjouis-toi ; car, renonçant à regarder en arrière [2], porté avec tous par une même Parole, tu peux chaque jour t'élancer à nouveau vers le Christ.

La présente règle renferme le minimum en dehors duquel une communauté ne peut s'édifier en Christ et s'adonner à un même service de Dieu. Cette volonté de ne fixer que les disciplines essentielles laisse un risque : que ta liberté ne devienne un pré-

you must take your brothers into account.

Far from groaning under the burden of a rule, rejoice ; for, as you renounce all thought of looking back [2], and are borne forward together by the same Word, each day anew you are able to throw yourself towards Christ.

This Rule contains only the minimum necessary for a community seeking to build itself in Christ, and to give itself up to a common service of God. This resolve to lay down only the essential disciplines involves a risk : that your liberty may become a

texte à vivre selon tes propres impulsions.

Assuré de ton salut par l'unique grâce du Seigneur Jésus-Christ, tu ne t'imposes pas une ascèse pour elle-même. La recherche d'une maîtrise de ta personne n'a d'autre fin qu'une plus grande disponibilité. Pas d'abstentions inutiles, tiens-t'en aux œuvres que Dieu ordonne. Porter les fardeaux des autres, accepter les mesquines blessures de chaque jour, pour communier concrètement aux souffrances du Christ, voilà notre première ascèse.

pretext for living according to your own impulses.

Assured of your salvation by the unique grace of our Lord Jesus Christ, you do not impose discipline on yourself for its own sake. Gaining mastery of yourself has no aim other than to render you more available. Let there be no useless asceticism; hold only to the works God commands. Carry the burdens of others, accept the petty injuries of each day, so as to share concretely in in the sufferings of Christ : this is our first discipline.

Tu as peur qu'une règle commune n'étouffe ta personnalité, alors qu'elle doit te libérer d'entraves inutiles pour mieux porter les responsabilités, pour mieux user de toutes les audaces du ministère. Comme tout chrétien tu dois accepter la tension entre la liberté totale donné par le Saint-Esprit et les impossibilités où te place la nature déchue, celle du prochain et la tienne.

Tu rétrécirais ta compréhension de l'Evangile si, par crainte de perdre ta vie, tu

You fear that a common rule may stifle your personality, whereas its purpose is to free you from useless shackles, so that you may better bear the responsibilities of the ministry and make better use of its boldness. Like every Christian, you must accept the tension between the total freedom given by the Holy Spirit and the impossibilities in which you find yourself due to your neighbour's and your own fallen nature.

You would narrow your understanding of the Gospel if, for fear of losing your life,

te réservais toi-même. Si le grain ne meurt [3], tu ne peux espérer voir ta personne s'épanouir en plénitude de vie chrétienne.

Ne reste jamais sur place, marche avec tes frères, cours au but sur les traces du Christ. Et sa trace est un chemin de lumière : Je suis, mais aussi : vous êtes la lumière du monde [4]... Pour que la clarté du Christ te pénètre, il ne suffit pas de la contempler comme si tu n'étais qu'un pur esprit, tu dois t'engager résolument de corps et d'âme dans ce chemin.

you were to spare yourself. Unless a grain of wheat dies [3], you cannot hope to see your own self open out in the fulness of Christian life.

Never stand still ; go forward with your brothers, run towards the goal in the footsteps of Christ. His path is a way of light : I am, but also : you are the light of the world... [4]. For the pure brightness of Christ to enter into you, it is not enough to gaze on it as though you were a disembodied spirit : You must commit yourself resolutely, in body and soul, on this path.

Sois parmi les hommes un signe d'amour fraternel et de joie.

Ouvre-toi à ce qui est humain et tu verras s'évanouir tout vain désir de fuite du monde. Sois présent à ton époque, adapte-toi aux conditions du moment. O Père, je ne te prie pas de les ôter du monde, mais de les préserver du mal [5].

Aime les déshérités, tous ceux qui, vivant dans l'injustice des hommes, ont soif de justice ; Jésus avait pour eux des égards particuliers ; ne redoute jamais d'être gêné par eux.

18

Be a sign of joy and of brotherly love among men.

Open yourself to all that is human and you will see any vain desire to flee from the world vanish from your heart. Be present to the time in which you live; adapt yourself to the conditions of the moment. O Father, I pray you, not to take them out of the world, but keep them from evil [5].

Love the dispossessed, all those who, living amid man's injustice, thirst after justice. Jesus had a special concern for them. Have no fear of being disturbed by them.

Apporte à tes parents une affection profonde ; qu'elle les aide à reconnaître par sa qualité même, l'absolu de ta vocation.

Aime ton prochain quel que soit son horizon religieux ou idéologique.

Ne prends jamais ton parti du scandale de la séparation des chrétiens confessant tous si facilement l'amour du prochain, mais demeurant divisés. Aie la passion de l'unité du Corps du Christ.

Show your parents deep affection and help them to recognize, through its very quality, the absolute imperative of your vocation.

Love your neighbour, whatever may be his political or religious beliefs.

Never resign yourself to the scandal of the separation of Christians, all who so readily confess love for their neighbour, and yet remain divided. Be consumed with burning zeal for the unity of the Body of Christ.

LA PRIÈRE

De même que, pleins d'une grande joie, les disciples se tenaient dans le temple, te louant [6], je raconterai tes merveilles, car tu as changé mon deuil en allégresse, tu m'as ceint de joie afin que mon âme chante tes louanges et ne se taise point [7].

La prière de l'office se situe dans la communion des saints. Mais pour réaliser cette communion avec les

PRAYER

Just as the disciples were gathered in the temple, rejoicing and praising you [6], so I will tell all your wondrous deeds, for you have turned my mourning into gladness and have girded me with joy, that my soul may sing your praises and not be silent [7].

The prayer of the office is in the communion of saints. But to make real this communion with the faithful

23

fidèles de tous les temps, nous devons nous livrer à une intercession ardente pour les hommes et l'Eglise.

Le Seigneur pourrait se passer de notre intercession et de notre louange. Toutefois, c'est le mystère de Dieu qu'il réclame de nous, ses collaborateurs, de prier toujours, sans jamais se lasser [8].

Soyons attentifs à pénétrer le sens de l'action liturgique, cherchons à discerner sous des signes accessibles à notre être de chair, une réalité invisible de l'ordre du Royaume. Mais veillons aussi à ne pas

throughout the ages, we must give ourselves up to ardent intercession for men and for the Church.

The Lord could do without our intercession and our praise. Yet it is the mystery of God, that he should require us, his co-workers, to keep on praying and never lose heart [8].

Let us be attentive to enter into the meaning of the liturgical action ; let us seek to perceive under signs accessible to our fleshly being something of the invisible reality of the Kingdom. But let us also take care not to

multiplier ces signes et à leur garder la simplicité, gage de leur valeur évangélique.

Le vêtement liturgique est là pour nous rappeler que tout notre être a été revêtu par le Christ. Il est encore un moyen d'exprimer autrement que par la parole la louange du Seigneur.

La louange du Christ exprimée par la liturgie est efficace dans la mesure où elle se continue à travers les besognes les plus humbles. Dans la régularité de l'office, l'amour de Jésus germe en nous sans que nous sachions comment [9].

multiply these signs and to keep them simple, the token of their evangelical worth.

The liturgical vestment worn for the office is to remind us that our whole being has been clothed by Christ. It is also a way of expressing the praise of the Lord by means other than words.

The praise of Christ expressed by the liturgy is effective insofar as it continues to inform the humblest tasks. In the regularity of the office, the love of Jesus springs up within us, we know not how [9].

La prière commune ne nous dispense pas de l'oraison personnelle. L'une soutient l'autre. Chaque jour prenons un moment pour nous renouveler dans notre intimité avec Jésus-Christ.

Et puisqu'auprès du Christ nous sommes comblés de la bonne part [10], abandonnons-nous à la Parole vivante de Dieu, laissons-la atteindre les profondeurs intimes de notre être pour s'emparer non seulement de notre esprit, mais aussi de notre corps. Le Christ, Parole faite chair, se donne à nous visiblement dans le Sacrement. Aussi

Common prayer does not dispense us from personal prayer. The one sustains the other. Each day, let us take time aside to renew our personal intimacy with Jesus Christ.

And since, when we are close to Christ we are filled with the good part [10], let us surrender ourselves to the living Word of God, let it reach into the deepest recesses of our being to take posession not only of our spirit, but also our body. Christ, the Word made flesh, gives himself to us visibly in the Sacrament. Therefore nourish

nourris-toi au repas d'actions de grâces, la Sainte-Cène, et n'oublie pas qu'elle est offerte aux malades du Peuple de Dieu. Elle est là pour toi qui toujours es faible et infirme.

A l'office, il ne sert à rien de se crisper sur la difficulté des frères à se mettre à l'unisson. Toutefois notre abandon dans une vie cachée en Christ ne signifie ni paresse, ni accoutumance, il ne peut être que participation de tout notre être par l'intelligence et par le corps à l'œuvre de Dieu.

yourself with the meal of thanksgiving, the Holy Communion, and do not forget that it is offered to the sick of the People of God. It is there for you who are always weak and infirm.

During the office, nothing is to be gained by being upset by the difficulty which the brothers may have keeping in unison. Yet the surrendering of ourselves to a life hidden in Christ means neither laziness nor habit ; it can be nothing other than the participation of our whole being in the work of God through our intelligence and our body.

Si tu es inattentif, rentre dans la prière dès que tu remarques ta distraction, sans pour autant te lamenter ; si au sein de la prière même, tu éprouves ta faiblesse, tu possèdes cependant les arrhes de la victoire de Dieu.

Il y a des jours où pour toi l'office devient lourd. Sache alors offrir ton corps puisque ta présence signifie déjà ton désir, momentanément irréalisable, de louer ton Seigneur. Crois à la présence du Christ en toi, même si tu n'en éprouves aucune résonance sensible.

If your attention wanders, return to prayer as soon as you notice your distraction, without lamenting over it. If you feel your weakness while actually praying, you possess nevertheless the earnest of the victory of God.

There will be days when the office is a burden for you. On such occasions know how to offer your body, since your presence itself already signifies your desire, momentarily unrealizable, to praise your Lord. Believe in the presence of Christ within you even though you feel no tangible response.

LE REPAS

Chaque repas devrait être une agape où se réalise notre amour fraternel dans la joie et la simplicité de cœur [11].

Le moment de silence ménagé parfois aux repas apporte rafraîchissement à ta fatigue ou communion dans la prière pour le compagnon qui, avec toi, mange le même pain.

Que le frère préposé au service des tables facilite par sa vigilance la paix du repas.

THE MEAL

Each meal should be an agape in which our brotherly love is manifest in joyfulness and simplicity of heart ".

The occasional moments of silence at meal-time bring you refreshment when you are weary or communion in prayer for the companion who partakes of the same bread.

Let the brother whose task is to wait on the table facilitate the peace of the meal by his watchfulness.

LE CONSEIL

Le but du conseil est de rechercher toute la lumière possible sur la volonté du Christ pour la marche de la communauté. La première démarche est donc de faire silence en soi pour se disposer à écouter son Seigneur.

Rien alors n'est plus nuisible au jugement objectif que les liens des affinités particulières, car nous risquons d'approuver tel frère, espérant peut-être inconsciem-

THE COUNCIL

The purpose of the council is to seek all the light possible concerning the will of Christ for the march forward of the community. Therefore the first step is to establish silence in oneself so as to prepare to listen to one's Lord.

Nothing is more harmful to objective judgment than the ties born of particular preferences, for we risk agreeing with a brother, hoping perhaps unconsciously to win

ment nous attirer en retour son appui occasionnel. Rien n'est plus contraire à l'esprit du conseil qu'une recherche non purifiée par le seul désir de discerner le dessein de Dieu.

S'il est un moment où tu dois rechercher la paix et la poursuivre[12], fuir les contestations et la tentation d'avoir raison, c'est bien au conseil.

Evite le ton sans réplique, les catégoriques « il faut ». N'échafaude pas de bons arguments pour te faire entendre ; expose, en peu de mots, ce qui t'apparaît comme le plus conforme au plan

his occasional support in return. Nothing is more contrary to the spirit of the council
than a seeking which is not
purified by the sole desire to
discern God's will.

The council is above all the
occasion when it is incumbent
upon you to seek peace and
to pursue it [12], to avoid con-
tention and the temptation
to prove you are right.

Avoid a tone that brooks
no reply, the categorical « we
must ». Do not build up good
arguments so as to make
yourself heard ; say in a few
words what seems to you to
conform most closely to

de Dieu sans imaginer que tu puisses l'imposer.

Pour ne pas favoriser l'esprit de surenchère, le prieur a charge devant son Seigneur de prendre la décision, sans être lié par une majorité. Dégagé des pressions humaines, il écoute le plus timide avec la même attention que le frère plein d'assurance. S'il se rend compte du manque d'entente profonde sur une question importante, qu'il réserve son jugement et prenne, afin d'avancer, une décision provisoire, quitte à y revenir par la suite ; car

God's plan, without imagining that you may be able to impose it.

To avoid the spirit of seeking to outdo another in argumentation, the Prior is responsible before his Lord for making the decision without being bound by a majority. Freed from human pressures, he listens to the most timid brother with the same attention he gives to the brother who is full of self-assurance. If the Prior senses a lack of profound agreement on an important question, let him reserve judgment, and, in order to go forward, make

l'immobilité est une déso-
béissance pour les frères en
marche vers le Christ. Le
prieur connaît mieux les
capacités de chacun ; s'il
s'agit de donner une respon-
sabilité à un frère, il le
propose en premier.

Le conseil est formé des
frères ayant fait profession,
les frères absents sont con-
sultés par le prieur ou celui
qu'il en charge.

a provisional decision, ready to return to it later, for standing still is disobedience for brothers advancing towards Christ. The Prior knows best the capacity of each one ; therefore he should be the first to propose assigning a responsibility to a brother.

The council is composed of brothers who have made their profession ; absent brothers are consulted by the Prior or by a brother appointed by him.

L'ORDRE

L'harmonie d'une communauté ne va pas sans un minimum d'ordre.

Ainsi n'y a-t-il pas d'excuse à gêner ses frères par ses retards. Considère, dans tes négligences, ton manque de ferveur.

.

Quand une raison majeure entraînerait ton absence, vois avec le frère prieur si tu peux ne pas assister à un acte de communauté, et ne t'explique

ORDER

Harmony in a community cannot exist without a minimum of order.

Therefore there is no excuse for disturbing one's brothers by a lack of punctuality. Consider the lack of fervour which your negligence reflects.

When some major reason will involve your absence, discuss with the Brother Prior the possibility of your non-assistance at an act of

pas par un intermédiaire. De même, ne t'en va pas de la maison sans lui en parler. Si tu es en mission, fais de même avec le responsable.

Ne sois jamais un obstacle par ton manque d'empressement à rejoindre des frères avec lesquels tu t'es engagé totalement, de corps et d'esprit.

community, and do not explain yourself through an intermediary. Likewise, do not absent yourself from home without speaking to the Prior. If you are on mission do likewise with the brother in charge.

Never be an obstacle through lack of zeal in rejoining the brothers with whom you have engaged yourself totally, in body and spirit.

QUE DANS TA JOURNÉE
LABEUR ET REPOS
SOIENT VIVIFIÉS
PAR LA PAROLE DE DIEU

Dans ta vie d'oraison et de méditation recherche l'ordre que Dieu t'adresse pour le mettre aussitôt en pratique. Lis alors peu, mais attarde-toi.

Pour que ta prière soit vraie, tu dois être aux prises avec la dureté du travail. Si tu demeurais dans un abandon de dilettante, tu

THROUGHOUT YOUR DAY
LET WORK AND REST
BE QUICKENED
BY THE WORD OF GOD

In your life of prayer and meditation seek the command that God addresses to you, and put it into practice without delay. Therefore, read little, but ponder over it.

For your prayer to be real, you must be at grips with hard work. If you were to remain a dilettante, you would be incapable truly to

serais incapable de vraiment intercéder. Ta prière devient totale quand elle fait corps avec ton labeur.

Tends vers une grande continuité de travail aux heures fixées, respecte l'horaire des frères et ne t'autorise pas à les déranger par tes visites.

A chaque heure la prière, le travail ou le repos convenables, mais le tout en Dieu.

Ne te compare pas aux autres frères dans l'exercice de ton métier. Sache garder, dans la simplicité, ta place toujours nécessaire au témoignage de tout le corps.

intercede. Your prayer will become total when it is one with your work.

Try to achieve the maximum continuity in your work during the hours allotted to it. Respect the schedule of the other brothers, and do not allow yourself to disturb them by your visits.

At each hour pray, work, or rest as is fitting ; but let everything be in God.

In your work, do not compare yourself to other brothers. In simplicity know how to hold your place which is always necessary for the witness of the whole body.

MAINTIENS EN TOUT
LE SILENCE INTÉRIEUR
POUR DEMEURER
EN CHRIST

Le silence intérieur réclame d'abord l'oubli de soi pour apaiser les voix discordantes et maîtriser le souci obsédant, dans le continuel recommencement d'un homme jamais découragé parce que toujours pardonné. Il rend possible notre conversation avec Jésus-Christ.

MAINTAIN INTERIOR SILENCE IN ALL THINGS IN ORDER TO DWELL IN CHRIST

Interior silence requires first of all to forget one's self, to quiet discordant voices, and to master obsessing worry in the perpetual re-beginning of a man who is never discouraged because always forgiven. Interior silence renders possible our conversation with Jesus Christ.

Mais qui ne redoute ce silence, et ne préfère se divertir à l'heure du travail, fuir l'oraison pour se fatiguer à de vaines besognes, oubliant le prochain et lui-même ?

Ton dialogue avec Jésus-Christ réclame ce silence ; si tu ne lui remets pas tout constamment, si tu ne lui parles pas avec une simplicité d'enfant, comment alors remettre de l'ordre en toi quand par nature tu es inquiet ou satisfait ?

Tu crains que le silence intérieur maintienne en toi

But who does not fear this silence, and prefer diversion at the hour for work ; and would not rather flee from prayer by tiring himself in vain tasks, forgetful of his neighbour and of himself ?

Your dialogue with Jesus Christ requires this silence. If you do not constantly commit everything to him, if you do not talk to him with the simplicity of a child, how then will you be able to bring order within yourself when you are anxious or complacent by nature ?

You fear that interior silence may leave within you

une question irrésolue ? Note alors le sujet de ton trouble ou de ton ressentiment pour trouver plus tard la solution.

Il est des moments où culmine le silence de Dieu dans ses créatures. Dans la solitude de la retraite, la rencontre d'intimité avec le Christ nous renouvelle. Il faudra donc réserver ces moments nécessaires.

Le calme est une nécessité par amour pour les frères qui prient, lisent, écrivent ou, le soir, se reposent.

La discrétion dans l'expres-

an unresolved question ?
Then take note of the cause
of your worry or resentment,
in order to find the solution
later.

There are moments when
the silence of God culminates
in his creatures. In the solitude of a retreat, we are
renewed by intimate meeting
with Christ. These essential
moments must therefore be
set aside.

Quiet is a necessity out of
love for the brothers who
are praying, reading, writing,
or who are resting in the
evening.

Discretion in speech and

sion de la parole et dans le
mouvement n'a jamais em-
pêché le contact humain ;
seul le silence muet risquerait
d'opérer cette rupture. Il ne
nous est pas demandé, parce
qu'il n'entraîne pas de lui-
même le véritable esprit de
silence intérieur.

in movement have never hindered human contact ; only dumb silence would risk causing this breach. Such silence is not required of us, because it is not in itself conducive to the true spirit of inward silence.

JOIE

Dans la communion des saints, jour après jour nous chantons les compassions renouvelées du Seigneur[13], et sa miséricorde active notre ferveur.

La vraie joie est d'abord intérieure.

Jamais la bouffonnerie n'a renouvelé la joie. Rappelons-nous que la limite est imprécise entre l'humour franc et l'ironie qui fait grimacer le sourire. La moquerie, ce poi-

JOY

In the communion of saints, day after day, we sing the ever renewed compassions of the Lord [13], and his mercy quickens our fervour.

True joy is first of all interior.

Buffoonery has never renewed joy. Let us remember that there is no sharp dividing line between frank humour and irony which turns a smile into a grimace. Mockery — that poison of

son d'une vie commune, est perfide parce qu'à travers elle sont lancées des soi - disant vérités que l'on n'ose pas se dire dans le tête - à - tête. Elle est lâche parce qu'elle ruine la personne d'un frère devant les autres.

La joie parfaite est dans le dépouillement d'un amour paisible. Cette joie n'a pas trop de tout ton être pour éclater.

Ne crains pas de communier aux épreuves d'autrui, n'aie pas peur de la souffrance, car c'est bien souvent au fond de l'abîme qu'est donnée la perfection de joie

common life — is treacherous
because under its cover are
flung the so-called truths one
dares not say face to face ; it
is cowardly, because it ruins
the person of a brother before the others.

Perfect joy is in the laying
aside of self in peaceful love ;
to burst forth, this joy needs
all your being.

Do not fear to share the
trials of others, nor be afraid
of suffering, for it is often at
the bottom of the abyss that
the perfection of joy is given

dans la communion de Jésus-Christ.

La joie parfaite se donne. Celui qui la connaît ne cherche ni gratitude, ni bienveillance. Elle est émerveillement renouvelé face à la gratuité de Celui qui accorde abondance de biens spirituels et terrestres. Elle est reconnaissance. Elle est action de grâces.

in communion with Jesus Christ.

Perfect joy gives itself. He who knows it seeks neither gratitude or kindness. It is wonderment continually renewed before the free giving of Him who grants an abundance of spiritual and material benefits. It is thankfulness. It is thanksgiving.

SIMPLICITÉ

Ta disponibilité implique une simplification continue de ton existence, non par contrainte, mais par la foi.

Fuis les sinuosités à travers lesquelles le diable te cherche. Rejette les fardeaux inutiles pour mieux porter au Christ ton Seigneur ceux des hommes, tes frères.

Dans la transparence de l'amour fraternel, reconnais simplement tes faux-pas, mais n'en prends pas prétexte pour

SIMPLICITY

Your availability calls for continual simplification of your existence, not by constraint, but by faith.

Flee from the complications through which the Devil seeks you. Cast off useless burdens in order better to bear those of your fellow men unto Christ your Lord. Acknowledge your mistakes with simplicity, in the transparency of brotherly love, without finding therein a

discerner ceux des autres. Où qu'ils se trouvent, les frères pratiquent entre eux le partage bref et fréquent.

La simplicité est aussi loyauté envers soi-même pour parvenir à la limpidité. Elle est un chemin d'ouverture envers le prochain.

Elle est dans la joie libre du frère qui renonce à l'obsession de ses progrès ou reculs, pour fixer ses regards sur la lumière du Christ.

pretext for discerning those of others. Wherever they are, the brothers practice brief and frequent sharing with one another.

Simplicity is also loyalty toward oneself in order to achieve limpidity. It opens the way towards one's neighbour.

Simplicity is found in the free joy of a brother who forsakes the obsession of his own progress or backslidings, in order to fix his gaze on the light of Christ.

MISÉRICORDE

Comme la paix avec le Christ implique la paix avec ton prochain, réconcilie-toi, répare ce qui peut l'être.

Pardonne à ton frère jusqu'à soixante-dix fois sept fois [14].

Crains-tu de flatter l'orgueil d'un frère en oubliant son offense : exhorte-le alors, mais toujours seul à seul et avec la douceur du Christ. Si, pour préserver ton besoin d'influence ou de popularité

MERCY

As peace with Christ implies peace with your neighbour, be reconciled and make amends where possible.

Forgive your brother until seventy times seven [14].

If you fear you may flatter the pride of a brother by overlooking his offense, then exhort him, but always with him alone and in the gentleness of Christ. If you fail to do so, in order to preserve

auprès de certains frères, tu t'abstiens d'exhorter, tu es dans la communauté une cause de chute.

Prépare-toi à toute heure à pardonner. N'oublie pas que l'amour s'exprime aussi dans les égards réciproques. Pas de douceur mièvre, mais pas non plus de paroles dures. Considère dans tes impatiences de langage la douleur faite au Christ.

Refuse de t'abandonner aux antipathies. Elles risquent de s'entretenir quand, à cause du grand nombre de frères, tu ne peux être à découvert avec tous. Ton penchant na-

your desire for influence or for popularity with certain brothers, you are a stumbling block within the community.

Be prepared at all times to forgive. Do not forget that love also expresses itself in mutual consideration. Do not indulge in sickly sweetness nor in harsh words. In the impatience of your language, consider the grief caused to Christ.

Refuse to abandon yourself to personal dislikes. They may persist when, because of the large number of brothers, you are not able to be open with all of them. Your natural

turel peut te pousser à avoir au premier abord un préjugé défavorable, à juger ton prochain sous son mauvais jour, à te réjouir des fautes discernées en un frère. Laisse - toi plutôt gagner par une surabondance d'amitié pour tous.

Fuis les mesquines controverses entre frères ; rien ne divise autant que les continuelles discussions pour tout et pour rien. Sache au besoin les arrêter. Refuse - toi à écouter des insinuations sur tel ou tel frère. Sois ferment d'unité.

inclination may incite you to an unfavourable first impression, to judge your neighbour by his bad day, to take pleasure in the faults you may discern in a brother. Rather let yourself be won over by an overflowing friendship for all.

Avoid petty controversies between brothers. Nothing divides so much as continual discussions about everything and nothing. Know, if need be, how to put an end to them. Refuse to listen to insinuations concerning one or another brother. Be a ferment of unity.

Si tu as des doutes sur l'attitude d'un frère et que tu ne puisses les lui exprimer ou ne sois pas écouté de lui, confie-les au prieur qui verra avec toi comment agir et aider ce frère. S'il refuse de vous écouter, parlez-en à la communauté [15].

A cause de la faiblesse de ta chair, le Christ te donne des marques visibles et répétées de son pardon. L'absolution te rend à la joie du salut [16]. Encore faut-il que tu la recherches. Le péché d'un membre marque tout le corps, mais le pardon de Dieu

If you have doubts as to the attitude of a brother, and either you cannot express them to him or he refuses to listen, confide them to the Prior, who will consider with you how to act and to help this brother. If he refuses to listen to you, report the matter to the community[15].

Because of the weakness of your flesh, Christ gives you visible and repeated signs of his forgiveness. Absolution restores you to the joy of salvation[16]. Yet you must seek it. The sin of one member marks the whole body, but God's forgiveness

réintègre le pécheur dans la communauté. La confession se fait au seul et même frère, choisi avec le prieur.

Celui qui vit dans la miséricorde ne connaît ni susceptibilité, ni déception. Il se donne simplement en s'oubliant lui-même, joyeusement avec toute sa ferveur, gratuitement sans rien attendre en retour.

re - establishes the sinner within the community. Confession is made to one and the same brother, chosen with the Prior.

He who lives in mercy knows neither susceptibility nor disappointment. He gives himself simply, in self-forgetfulness ; joyfully, with all his heart ; freely, expecting nothing in return.

CÉLIBAT

Si le célibat apporte une plus grande disponibilité pour s'occuper des choses de Dieu [17], il ne peut être accepté que pour se donner davantage au prochain avec l'amour même du Christ.

Notre célibat ne signifie ni rupture des affections humaines, ni indifférence, mais il appelle la transfiguration de notre amour naturel. Seul le Christ opère la conversion des passions en amour total

CELIBACY

If celibacy brings greater availability to concern oneself with the things of God [17], it is acceptable only in order to give oneself more fully to one's neighbour with the very love of Christ.

Our celibacy means neither breaking with human affections, nor indifference, but calls for the transfiguration of our natural love. Christ alone converts passions into total love for one's neighbour.

pour le prochain. Quand l'égoïsme des passions n'est pas dépassé par une générosité croissante, quand tu n'uses plus de la confession pour déjouer le besoin de te retrouver toi - même contenu en toute passion, quand le cœur n'est pas constamment rempli d'un immense amour, tu ne peux plus laisser le Christ aimer en toi et ton célibat te devient pesant.

Cette œuvre du Christ en toi réclame infiniment de patience.

La pureté du cœur est contraire à toutes les tendances de la nature.

When the selfishness of passions is not surpassed by growing generosity; when you no longer use confession to defeat the need contained in all passion, to assert yourself; when your heart is not constantly filled with an immense love; you can no longer let Christ love within you and your celibacy will become a burden.

This work of Christ within you demands infinite patience.

Purity of heart is contrary to all the tendencies of nature.

L'impureté, même imaginative, laisse des traces psychologiques qui ne sont pas toujours abolies sur-le-champ par la confession et l'absolution. Ce qui importe alors, c'est de vivre dans le continuel recommencement du chrétien jamais abattu parce que toujours pardonné.

La pureté du cœur est en rapport étroit avec la transparence. Pas d'étalage de tes difficultés, mais pas non plus de fermeture comme si tu étais un surhomme exempt de combats.

Refuse toute complaisance à la vulgarité. Certaines plai-

Impurity, even in the imagination, leaves psychological traces behind, which are not always effaced immediately by confession and absolution. It is important, then, to live in the continual recommencement of the Christian who is never overcome because always forgiven.

Purity and openness of heart are closely linked. Do not display your difficulties, but do not seclude yourself as though you were superhuman, exempt from struggles.

Refuse to connive in vulgarity. Certain jokes fan the

santeries avivent les difficultés des frères qui luttent
pour se maintenir dans la
pureté du cœur.

Il y a un laisser-aller qui
voilerait le sens vrai de l'enga-
gement difficile mais joyeux
à la chasteté. Sache que ton
comportement et ta tenue
sont des signes, dont la négli-
gence peut entraver notre
marche commune.

La pureté de cœur ne se
vit que dans l'oubli spontané
et joyeux de soi afin de
donner sa vie pour ceux
qu'on aime [18]. Et ce don de
soi suppose l'acceptation

difficulties of brothers who are struggling to maintain purity of heart.

In celibacy there can be a slackness which may veil the true meaning of the difficult yet joyous vow of chastity. Know that your bearing is a sign, and its neglect may hinder our common march forward.

Purity of heart can only be lived in spontaneous and joyous forgetfulness of self in order to lay down one's life for those one loves [18]. This self-giving implies the accept-

d'une sensibilité souvent meurtrie.

Il n'y a pas d'amitié sans souffrance purificatrice.

Il n'y a pas d'amour du prochain sans la croix. La croix seule donne de connaître l'insondable profondeur de l'amour.

ance of a sensibility often deeply wounded.

There is no friendship without purifying suffering.

There is no love of one's neighbour without the Cross. The Cross alone makes known the unfathomed depths of love.

COMMUNAUTÉ DE BIENS

La mise en commun des biens est totale.

L'audace d'utiliser au mieux tous les biens d'aujourd'hui, de ne s'assurer aucun capital sans peur de la pauvreté possible, donne une force incalculable.

Mais si, comme Israël, tu réserves pour le lendemain le pain venu du ciel [19], si tu élabores des projets d'avenir, tu risques de surtendre en vain les frères dont la voca-

90

COMMUNITY OF GOODS

The pooling of goods is total.

The boldness to use in the best way possible all present-day goods, without fearing possible poverty, to lay up no capital, gives an incalculable strength.

But if, like the children of Israel, you store for the morrow the bread that comes from heaven [19], if you work out projects for the future, you risk overtaxing the bro-

tion est de vivre dans le moment présent.

La pauvreté n'a pas de vertu en elle-même.

Le pauvre de l'Evangile apprend à vivre sans assurance du lendemain, dans la joyeuse confiance qu'à tout il sera pourvu.

L'esprit de pauvreté ne consiste pas à faire misérable, mais à tout disposer dans la beauté simple de la création.

L'esprit de pauvreté est de vivre dans l'allégresse de l'aujourd'hui. S'il y a gratuité pour Dieu à dispenser les biens de la terre, il y a grâce pour l'homme à donner ce qu'il a reçu.

thers whose vocation is to live in the present moment.

Poverty is not a virtue in itself.

According to the Gospel, the poor learn to live without assurance of the morrow, in joyous confidence that they will lack nothing.

The spirit of poverty does not consist in pursuing misery, but in setting everthing in the simple beauty of creation.

The spirit of poverty is to live in the gladness of today. If God gives freely the good things of the earth, it is blessed for man to give what he has received.

LE PRIEUR

Sans unité, il n'y a pas d'espoir d'un service audacieux et total de Jésus-Christ. L'individualisme désagrège et arrête la communauté dans sa marche.

Le prieur suscite l'unité dans la communauté.

Dans les questions de détails pratiques, il indique la voie, mais dans toute question importante, il écoute le conseil avant de prendre la décision.

THE PRIOR

There is no hope for a bold and total service of Jesus Christ without unity. Individualism disintegrates the community and halts its advance.

The Prior focusses the unity of the community.

He indicates the path to follow in matters of practical detail ; however, in all questions of importance he listens to the council before making a decision.

Que les frères restent spontanés avec lui ; mais se rappelant que le Seigneur lui a confié une charge, qu'ils soient attentifs à ce qui concerne son ministère.

Par leur confiance, les frères le renouvellent dans le sérieux de sa vocation pour la joie de tous ; par leur esprit de petites revendications, ils immobilisent son ministère.

Que chaque frère s'ouvre, en particulier, pour lui dire ses craintes. La révolte exprimée devant d'autres ne peut que contaminer. Satan a là ses meilleures armes

The brothers should remain spontaneous with him, but they should recall that the Lord has given him a charge and therefore give heed to that which concerns his ministry.

By their trust, the brothers renew the Prior in the seriousness of his vocation for the joy of everyone ; by a spirit of petty complaint, they paralyse his ministry.

Let each brother, privately, make his fears known to the Prior. Revolt expressed before other brothers can only contaminate. Satan finds here his best weapon to divide

pour diviser ce qui doit être uni. Méfions - nous des réactions infantiles qui accusent alors qu'il conviendrait d'abord de s'accuser soi - même.

L'esprit de perfection, s'il consiste à imposer son point de vue comme étant le meilleur, est une plaie dans la communauté. La perfection est précisément de supporter les imperfections du prochain, et ceci par amour.

Le prieur reste soumis aux mêmes faiblesses que ses frères. Si ceux - ci l'aiment pour ses qualités humaines, ils risquent de ne plus l'ac-

what must be united. Let us beware childish reactions which lead us to accuse others when it would be more appropriate first to accuse ourselves.

The spirit of perfection — if it means imposing one's view point as being the best — is a nuisance in the community. Perfection is precisely to suffer one's neighbour's imperfections, and to do so out of love.

The Prior remains subject to the same weakness as his brothers. If these brothers love him for his human qualities, they run the risk of

cepter dans sa charge quand
ils discernent son péché.

Le prieur désigne un assistant pour le soutenir et assurer une continuité après lui.

Prendre les décisions est
une charge redoutable pour
le prieur.

Dans cette direction des
âmes, qu'il veille à ne pas
asservir, mais à édifier tout
le corps dans le Christ.

Qu'il recherche les dons
particuliers à chaque frère
pour les lui faire découvrir.

not accepting his ministry when they discern his sinfulness.

The Prior designates an assistant to uphold him and to ensure continuity after him.

Making decisions is a formidable charge for the Prior.

In the guidance of souls, let him be watchful not to create subservience, but to build up the whole body in Christ.

Let him seek the particular gifts of each brother, so that the brother may be led to discover them.

Qu'il ne considère pas sa charge comme supérieure mais ne l'assume pas non plus avec fausse humilité, se rappelant uniquement qu'elle lui a été confiée par le Christ auquel il devra en rendre compte.

Qu'il brise en lui tout autoritarisme, mais soit sans faiblesse pour maintenir ses frères dans le plan de Dieu. Qu'il ne laisse pas les autoritaires s'imposer et qu'il rende confiance aux faibles.

Qu'il s'arme de miséricorde et la demande au Christ

Let him not consider his charge as being superior, nor assume it with false humility, remembering only that it has been entrusted to him by Christ, to whom he will have to give account.

Let him break any authoritarianism within himself, but let him not be weak in maintaining his brothers in the design of God. Let him prevent those who are authoritarian from dominating, and let him show confidence to the weak.

Let him arm himself with mercy, asking Christ to

comme la grâce pour lui la plus essentielle.

grant it as the grace most essential for him.

LES FRÈRES EN MISSION

Comme les disciples en-
voyés deux à deux[20], les
frères en mission sont des
témoins du Christ. Qu'ils
soient un signe de sa présence
parmi tous les hommes et
porteurs de la joie.

Toujours et partout, ils
représentent la communauté;
le témoignage de tous est
engagé par leur attitude. Ils
tiennent régulièrement le
prieur au courant de leur vie.
Qu'ils ne s'enhardissent pas

BROTHERS ON MISSION

Sent forth two by two as were the disciples [20], the brothers on mission are witnesses for Christ. Let them be a sign of his presence among all men and bearers of joy.

Everywhere and at all times, they represent the community ; the witness of everyone is involved by their attitude. They keep the Prior regularly informed of their life. Let them not engage in

dans une entreprise nouvelle sans son accord, car il a charge de consulter le conseil. Si les frères en mission ne veillent pas à cet étroit contact, bien vite ils brisent l'unité du corps.

S'ils sont deux ou plusieurs, le prieur peut désigner un responsable.

La discipline spirituelle est celle de la communauté avec une adaptation examinée en conseil.

a new venture without having his agreement, for the Prior is responsible for consulting the council. If brothers on mission do not give heed to this close contact, they will quickly shatter the unity of the body.

If they are two or more, the Prior may designate one to be the brother in charge.

Their spiritual discipline is that of the community, subject to adaptation as the council may decide.

LES NOUVEAUX FRÈRES

Pour être formé à l'école du Christ, le nouveau frère a besoin d'une solide formation biblique et humaine.

Qu'il se garde de l'illusion d'être arrivé. Même s'il assimile rapidement, il faut du temps pour comprendre la vocation dans ses conséquences extrêmes.

Tant que nous ne sommes pas connus des nouveaux frères, nous sommes tentés de les accaparer pour nous-

NEW BROTHERS

In order to be trained in the school of Christ, the new brother has need of sound biblical and human nurture.

Let him guard against any illusion of having reached his goal. Even if he assimilates rapidly, it requires time to understand the vocation in its ultimate consequences.

Inasmuch as we are not known by the new brothers, there is a temptation to monopolize them for our-

mêmes. Rappelons-nous qu'un frère est désigné pour leur formation.

Au conseil, il faut s'entretenir des nouveaux frères, se préoccuper de les faire progresser dans l'amour de Jésus-Christ.

Le nouveau frère est admis à la profession au terme d'une solide préparation, après consultation des frères par le prieur.

selves. Let us remember that a brother is appointed for their training.

At the council we must speak about the new brothers and be concerned with making them grow in love for Jesus Christ.

A new brother is allowed to make his profession at the end of a solid preparation, after the Prior has consulted with the brothers.

LES HOTES

Dans un hôte, c'est le Christ lui-même que nous avons à recevoir. Apprenons à accueillir, acceptons d'offrir nos loisirs ; que l'hospitalité soit large et exercée avec discernement.

A table, que les frères soient attentifs à la présence d'un hôte, qu'ils veillent à ne pas le désorienter par des entretiens particuliers.

N'accapare jamais un hôte. Certains frères sont désignés

GUESTS

It is Christ himself whom we receive in a guest. Let us learn to welcome ; let us be willing to offer our leisure time ; let hospitality be liberal and exercised with discernment.

During meals, let the brothers be attentive to the presence of a guest, and be careful not to disconcert him by private conversation.

Never monopolize a guest. Certain brothers are design-

pour s'occuper des hôtes ; ils s'en chargeront alors que les autres frères accompliront leur travail ; cela pour éviter le dilettantisme qui nous menace et qui n'édifie ni les hôtes ni les frères.

ated to take care of guests ; they will take charge while the other brothers will accomplish their work ; this is to avoid the dilettantism that threatens us, and which is helpful neither to the guests nor to the brothers.

CONCLUSION

Il y a danger à n'avoir indiqué dans la présente règle que l'essentiel permettant la vie commune. Mieux vaut courir ce risque et ne pas se confiner dans la satisfaction et la routine.

Si cette règle devait être regardée comme un aboutissement, et nous dispenser de rechercher toujours plus le dessein de Dieu, la charité du Christ, la lumière du Saint-Esprit, ce serait alors nous

CONCLUSION

There is a danger in having indicated in this Rule only the minimum necessary for the common life. It is better to run this risk and not to confine oneself to complacency and routine.

If this Rule were ever to be regarded as an end in itself and to exempt us from ever more seeking to discover God's design, the love of Christ, and the light of the Holy Spirit, we would be im-

charger d'un fardeau inutile ;
mieux vaudrait ne l'avoir
jamais écrite.

Pour que le Christ croisse
en moi, je dois connaître et
ma faiblesse et celle des
hommes mes frères. Pour eux
je me ferai tout à tous, et je
donnerai jusqu'à ma vie, à
cause du Christ et de l'Evangile [21].

posing on ourselves a useless burden ; it would be better never to have written it.

So that Christ may grow in me, I must know my weakness and those of the men, my brothers. For them I will become all things to all men, and give even my life, for the sake of Christ and the Gospel [21].

EXHORTATION LUE
A LA PROFESSION

Frère qui te confies en la miséricorde de Dieu, rappelle-toi que le Seigneur Christ vient en aide à ta faible foi et que, s'engageant avec toi il accomplit pour toi la promesse :

Il n'y a personne, en vérité, qui ayant quitté maison, frères, sœurs, mère, père, femme, enfants, ou champs à cause de moi et à cause de l'Evangile, ne reçoive cent

EXHORTATION READ
AT THE PROFESSION

Brother, you who commit yourself to God's mercy, remember that the Lord Christ comes to strengthen your feeble faith and that, in convenant with you, he fulfils for you the promise :

Truly, there is no one who has given up home, brothers, sisters, mother, father, wife, children, or land, for my sake and for the Gospel, who will not receive in this age a hun-

fois davantage, maintenant dans le temps présent des maisons et des frères et des sœurs et des mères et des enfants et des champs avec des persécutions et, dans le siècle à venir, la vie éternelle [22].

C'est là une voie opposée à toute raison humaine, mais comme Abraham tu n'y peux avancer que par la foi et non par la vue [23], assuré toujours que celui qui aura perdu sa vie à cause du Christ la retrouvera [24].

Marche désormais sur les traces du Christ. Ne te mets pas en souci du lendemain [25]. Cherche premièrement le

dred times as much — houses, and brothers, and sisters, and mothers, and children, and land — and persecutions besides ; and in the age to come eternal life [22].

This is a way opposed to all human reason, but like Abraham, you can advance on this path only by faith, not by sight [23], always assured that he who loses his life for Christ's sake will find it [24].

Henceforth, walk in the footsteps of Christ. Do not be anxious about tomorrow [25]. Seek first God's Kingdom

Royaume et sa Justice[26].
Abandonne-toi, donne-toi, et
il sera versé dans ton sein
une bonne mesure pressée,
secouée, débordante, car on
se servira pour toi de la
mesure avec laquelle tu auras
mesuré[27].

Que tu dormes ou que tu
veilles, la nuit et le jour, la
semence germe et croît sans
que tu saches comment[28].

En priant, n'use pas de
vaines redites comme font
les païens qui pensent être
exaucés en parlant beaucoup[29].

Garde - toi d'étaler ta justice devant les hommes pour

126

and his Justice [26]. Surrender yourself, give yourself, and good measure, pressed down, shaken together, and running over, will be poured into your lap ; for the measure you give is the measure you will receive [27].

Whether you be waking or sleeping, by night and by day, the seed sprouts and grows, you know not how [28].

When you pray, do not use vain repetitions like the heathen, who think they shall be heard for their many words [29].

Do not display your righteousness before men to win

en être admiré [30]. Que ta discipline intérieure ne te donne pas un air triste, comme un hypocrite qui affiche un visage tout défait pour se faire voir des hommes. Oins ta tête, lave ton visage afin que seulement ton Père qui est dans le secret connaisse l'intention de ton cœur [31].

Maintiens - toi dans la simplicité et dans la joie, la joie des miséricordieux, la joie de l'amour fraternel.

Sois vigilant. Si tu dois reprendre un frère, que ce soit entre toi et lui seul [32].

their admiration [30]. Do not let your interior discipline give you a sorrowful appearance, like a hypocrite who puts on an unsightly face so that he may be seen by men. Anoint your head, wash your face, so that only your Father who is in secret may know the intention of your heart [31].

Maintain yourself in simplicity and in joy, the joy of the merciful, the joy of brotherly love.

Be vigilant. If you are to admonish a brother, let it be between yourself and him alone [32].

Aie le souci de communion humaine avec ton prochain.

Confie-toi. Sache qu'un conducteur doit veiller au salut de ton âme dont il aura à rendre compte. Comprends-le pour qu'il s'acquitte de son ministère avec joie [33].

Le Seigneur Christ, dans la pitié et dans l'amour qu'il a de toi, t'a choisi pour être dans l'Eglise un signe de l'amour fraternel. Il veut que tu réalises avec tes frères la parabole de la communauté.

Ainsi, renonçant désormais à regarder en arrière [34] et joy-

Always seek fellowship with your neighbour.

Confide ; know that a guide must watch on behalf of your soul, as one who must give account. Be understanding toward him, so that he may fulfil his ministry with joy[33].

The Lord Christ, in his mercy and his love for you, has chosen you to be a sign of brotherly love within the Church. He wills that with your brothers you should realize the parable of the community.

Thus, renouncing henceforth all thought of looking

eux d'une infinie reconnaissance, n'aie jamais crainte
de devancer l'aurore [35]
pour louer
et bénir
et chanter
le Christ ton Seigneur.

back [34], and joyful with infinite gratitude, never fear to
precede the dawn [35]
to praise
and bless
and sing
Christ your Lord.

ENGAGEMENTS
PRIS A LA PROFESSION

Veux-tu, par amour du Christ,
te consacrer à lui de tout
ton être ?
Je le veux.
Veux-tu accomplir désormais
le service de Dieu dans notre
communauté, en communion
avec tes frères ?
Je le veux.
Veux-tu, renonçant à toute
propriété, vivre avec tes
frères non seulement dans la

COMMITMENTS MADE
AT THE PROFESSION

Will you, through love of
Christ, consecrate yourself
with your whole being to
Him ?
I will.
Will you, henceforth, fulfil
the service of God in our
community, in communion
with your brothers ?
I will.
Will you, in renouncing all
ownership to property, live
with your brothers not only

communauté des biens maté-
riels mais encore dans celle
des biens spirituels en t'effor-
çant à l'ouverture de cœur ?
Je le veux.

Veux-tu, pour être plus
disponible à servir avec tes
frères et pour te donner sans
partage à l'amour du Christ,
demeurer dans le célibat ?
Je le veux.

Veux-tu, pour que nous ne
soyons qu'un cœur et qu'une
âme et pour que notre unité
de service se réalise pleine-
ment, adopter les décisions
prises en communauté et
s'exprimant par le prieur ?
Je le veux.

136

in the community of material goods but also in the community of spiritual goods, while striving for openness of heart ?

I will.

Will you, in order to be more available to serve with your brothers and to give yourself completely to the love of Christ, remain celibate ?

I will.

Will you, in order that we may be but one heart and one soul and that our unity of service may be fully realized, assume the decisions made in community and as expressed by the Prior ?

I will.

Veux-tu, discernant toujours le Christ en tes frères, veiller sur eux dans les bons et les mauvais jours, dans l'abondance et la pauvreté, dans la souffrance et dans la joie ? Je le veux.

Will you, while always discerning Christ in your brothers, be watchful with them on good days as well as bad, in abundance as in poverty, in suffering as in joy ?
I will.

NOTES

N.B. There is a book which actualises the
Rule of Taizé, and, with it, expresses
the guiding lines of our vocation :
Unanimity in Pluralism.

1. Mark 10. 29
2. Philippians 3. 13
3. John 12. 24
4. John 8. 12 and Matthew 5. 14
5. John 17. 15
6. Luke 24. 53
7. Psalm 30. 12-13
8. Luke 18. 1
9. Mark 4. 27
10. Luke 10. 42
11. Acts 2. 46
12. Psalm 34. 15
13. Lamentations 3. 22-23
14. Matthew 18. 22
15. Matthew 18. 17
16. Psalm 51. 14
17. See 1 Corinthians 7. 32

18. John 15. 13
19. See Exodus 16.
20. Luke 10. 1
21. Mark 10. 29
22. Mark 10. 29-30 and Luke 14. 26
23. 2 Corinthians 5. 7
24. Matthew 16. 25
25. Matthew 6. 34
26. Matthew 6. 33
27. Luke 6. 38
28. Mark 4. 27
29. Matthew 6. 7
30. Matthew 6. 1
31. Matthew 6. 16-18
32. Matthew 18. 15
33. Hebrews 13. 17
34. Philippians 3. 13
35. Psalm 119. 147